OBSERVATIONS

SUR

L'ÉMANCIPATION DES NOIRS.

Le Gouvernement anglais cache, sous le masque de la philanthropie, son projet bien arrêté de ruiner, par l'affranchissement des esclaves, toutes les colonies à sucre étrangères.

(Voyage de l'Artémise autour du Monde, par l'amiral Laplace.)

OBSERVATIONS

SUR

L'ÉMANCIPATION DES NOIRS,

EXTRAITES D'UN OUVRAGE

DE M. LE CONTRE-AMIRAL LAPLACE,

Commandant la station navale des Antilles ;

AVEC NOTES

DE M. JOLLIVET,

MEMBRE DE LA CHAMBRE DES DÉPUTÉS, DÉLÉGUÉ DE LA MARTINIQUE.

PARIS,

IMPRIMERIE DE BRUNEAU, RUE CROIX-DES-PETITS-CHAMPS, 33.

1844.

PRÉFACE.

M. le contre-amiral *Laplace* a publié, en 1842, la campagne de circumnavigation que la frégate l'*Artémise* a effectuée, sous son commandement, pendant les années 1837, 1838, 1839 et 1840.

Dans cette publication remarquable, on trouve une appréciation impartiale et éclairée des résultats de l'émancipation dans les colonies anglaises, notamment au cap de Bonne-Espérance et à l'Ile-de-France.

J'ai voulu opposer le témoignage d'un illustre voyageur, d'un homme qui raconte naïvement ce qu'il a vu, aux appréciations de M. le duc de Broglie et des membres de la majorité de la commission des affaires coloniales, théoriciens fort habiles, mais, qui n'ont pas fait le voyage de circumnavigation, et qui jugent les événemens des pays lointains sans quitter leur salle de délibérations, autour d'un tapis vert.

Un autre motif m'a déterminé.

Depuis quelque temps, on publie au ministère de la marine et des colonies une revue à laquelle on a donné le titre de *Revue coloniale*. Cette revue se compose principalement d'extraits des journaux anglais qui sont tous intéressés à cacher la véritable situation des colonies anglaises.

En effet, les journaux abolitionistes, tel que l'*Anti-Slavery reporter*, après avoir réalisé l'émancipation dans les colonies anglaises, ne manquent jamais de les représenter brillantes de prospérité, afin de décider les colonies étrangères à les imiter, et de compléter leur œuvre.

Les journaux autrefois anti-abolitionistes, tel que le *Colonial Gazette* (1), poussent aussi à l'émancipation, non par esprit de prosélytisme, mais par un calcul de concurrence commerciale, les colonies

---

(1) Dans son numéro du 30 mars, le *Colonial Gazette* se réjouit d'une insurrection qui vient d'éclater à Matanzas, dans l'île de Cuba.

anglaises ne pouvant, de leur aveu, lutter contre les colonies à esclaves.

La *Revue coloniale,* ou plutôt *anti-coloniale,* par une anglomanie qui (je dois l'en avertir charitablement), contraste avec l'opinion du jour, emprunte ses citations, ses autorités, ses dissertations, aux seuls journaux anglais. Pour elle, les journaux des États-Unis d'Amérique, les journaux espagnols n'existent pas. Les gouverneurs et les administrateurs de nos colonies sont suspects. Nos officiers de marine, alors même qu'ils ont été chargés d'une mission officielle du Gouvernement, ne méritent aucune créance; elle n'ouvre point ses colonnes à leurs rapports, ou elle se borne à enregistrer leurs conclusions, avec regret, en les accompagnant d'insinuations malveillantes.

Que la *Revue coloniale* continue à invoquer l'*Anti-Slavery reporter* et le *Colonial Gazette,* à la bonne heure ; mais ne pourrait-elle pas citer, de temps à autre, les journaux des États-Unis d'Amérique et les journaux espagnols; les dépêches non-confidentielles des gouverneurs et des administrateurs des colonies françaises ; les rapports des officiers de notre marine, plus désintéressés, plus véridiques, plus impartiaux, plus dignes de foi que les journalistes anglais, en tout ce qui concerne la situation des colonies anglaises émancipées ?

C'est à M. le Ministre de la marine que j'adresse ma réclamation, en attendant la publication des extraits de l'ouvrage du contre-amiral Laplace, qui sera comme un premier *supplément* à la *Revue coloniale*.

OBSERVATIONS

SUR

L'ÉMANCIPATION DES NOIRS,

EXTRAITES

D'un ouvrage de M. le contre-amiral LAPLACE,

Commandant la station navale des Antilles.

————

SIERRA - LEONE.

A la fin du siècle dernier, lorsque la question de l'esclavage des noirs commença à être agitée chez nos voisins, elle excita une effervescence d'autant plus vive que les négrophiles, étant presque tous membres de ces sociétés bibliques aujourd'hui si multipliées en Angleterre, en faisaient une affaire de religion, bien plus que de philanthropie, et, à ce titre, poursuivirent la solution de cette question avec toute l'ardeur aveugle du fanatisme religieux. D'abord les temples retentirent de leurs vociférations contre

les prétendues barbaries des colons envers les nègres; ensuite. ils répandirent parmi le peuple des
histoires mensongères, et même des gravures, au
moyen desquelles ils parvinrent à exciter la sym-
pathie de toutes les classes en faveur de ces derniers (1); puis, forts d'un semblable appui, si puissant en Angleterre, ils portèrent bientôt leur cause
devant les pouvoirs de l'État, dont ils obtinrent
l'autorisation de fonder, sur les bords de la *Sierra-
Leone*, une sorte de colonie où devaient être transportés, pour y vivre en liberté du fruit de leurs travaux agricoles, les esclaves affranchis aux Antilles
britanniques.

Pressés par leurs nombreux partisans, qui atten-
daient impatiemment les résultats des prodigieux
sacrifices pécuniaires auxquels ils s'étaient soumis
depuis long temps en faveur de cette cause, les négrophiles ne perdirent pas un moment pour l'accom-
plissement de leur projet, dont l'exécution, confiée
aux membres les plus enthousiastes de la congréga-
tion, fut conduite avec célérité; et bientôt des noirs

---

(1) Les négrophiles anglais ont eu, en France, des imitateurs. Il ne
s'est pas écoulé une session sans que M. Isambert ne soit venu, à la
tribune, dérouler le tableau apocryphe des cruautés imaginaires des
colons envers les nègres; cherchant ses preuves dans des comptes-
rendus infidèles des débats de cours d'assise, ou dans le code noir
(Édit de 1685), si profondément modifié, par le temps, par les
mœurs, par l'humanité des colons.

libres, tirés à grands frais des possessions anglaises
en Amérique, se trouvèrent rassemblés dans le nouvel établissement, sous la direction temporelle et
spirituelle de ministres méthodistes, gens à principes austères, de mœurs très-pures, il est vrai, mais
fort mauvais législateurs, comme j'aurai maintes oc-
casions de le montrer pendant le cours de cette rela-
tion. Aussi échouèrent-ils complètement dans la
mission qu'ils avaient acceptée : d'une part, leurs
néophytes, au lieu d'être soumis, reconnaissans et
surtout laborieux, se montrèrent turbulens, débau-
chés, paresseux et nullement disposés à se livrer aux
occupations pénibles de l'agriculture ; tandis que,
de l'autre, les rois nègres voisins, que, dans leur
zèle inconsidéré, ils avaient soulevés contre eux en
cherchant, sans aucun ménagement, à supprimer
la vente des captifs, alors seule branche de commerce
du pays, vinrent attaquer plusieurs fois Free-Town
(ville libre), chef-lieu de la colonie, dont la population eut d'autant plus de peine à leur résister, qu'elle
était constamment décimée par d'horribles maladies.
En sorte que la société fondatrice, après avoir inu-
tilement dépensé des sommes énormes pour protéger
et soutenir son ouvrage, se vit contrainte, en 1808,
de céder Sierra-Leone au gouvernement, qui con-
sentit à rembourser une partie des frais, lui laissa
même la direction des affaires spirituelles, mais y
envoya un gouverneur et une garnison.

Malgré cette défaite que les protecteurs des noirs eurent soin, comme on le pense bien, de dissimuler autant que cela leur fut possible, ils ne perdirent rien de leur crédit en Angleterre, où, toujours soutenus par les cris de cette multitude qui ne sait pas plus s'arrêter dans la voie du bien que dans celle du mal, ils finirent par arracher, en 1807, aux Chambres législatives, cette loi répressive de la traite dont les conséquences devaient être la ruine des plus riches colonies britanniques, puisqu'elle fut bientôt suivie de celle qui prononçait l'émancipation de tous les esclaves, auxquels ces dernières étaient redevables de leur prospérité. Une mesure aussi désastreuse portait préjudice à trop d'intérêts généraux ou particuliers, pour qu'elle pût être complètement exécutée, non-seulement par les Espagnols et les Portugais dont les gouvernemens, subissant alors le patronage de la Grande-Bretagne, furent contraints de se soumettre aux exigences de leur protectrice, mais par les Anglais eux-mêmes; de manière que le trafic défendu, continuant, malgré les lois, avec la même activité qu'auparavant, afin de le supprimer, l'Angleterre se vit obligée de rassembler sur les côtes d'Afrique, de fortes stations dont Sierra-Leone fut le point central, et où, par conséquent, affluèrent une multitude de bâtimens négriers capturés.

A cette époque, l'état où se trouvait Free-Town n'était rien moins que prospère : les cultures

n'avaient fait aucun progrès, et chaque année, la
population payait au climat meurtrier de la contrée
un tribut de mort, d'autant plus effrayant, quoique
les environs de la ville eussent été en partie débar-
rassés des bois épais qui en occupaient la place peu
de temps auparavant, qu'elle était adonnée à toutes
sortes de vices dont la garnison, composée d'hommes
chassés d'Angleterre à cause de leur mauvaise conduite, offrait malheureusement le dangereux exemple.

Le commerce, se bornant à quelques échanges in-
signifians, ne donnait presque aucun revenu au fisc;
tandis que les frais d'administration locale, déjà très-
considérables, étaient encore beaucoup augmentés
par les gros appointemens des employés civils ou mi-
litaires, que l'on rétribuait naturellement en propor-
tion des risques auxquels ils exposaient leur santé,
ou, pour mieux dire, leur vie; de manière que, suivant toute apparence, le gouvernement aurait abandonné dès long-temps le nouvel établissement, s'il ne
s'était trouvé engagé dans cette mauvaise voie où
souvent nos ministres, de même que ceux des autres puissances constitutionnelles d'Europe, une fois
entrés par inexpérience ou par l'impulsion d'un
parti, sont obligés de persévérer par la crainte de
soulever contre eux de nouvelles récriminations,
quoique sachant très-bien qu'en la suivant ils com-
promettent les intérêts du pays. Heureusement pour
ceux qui dirigeaient les affaires de la Grande-Breta-

gne, que les circonstances vinrent les tirer, comme nous l'avons dit plus haut, de l'embarras où les sectes religieuses les avaient jetés. Aussi s'empressèrent-ils de sauver leur responsabilité en faisant de Sierra-Leone, destinée primitivement à servir de refuge et d'école de moralité aux esclaves affranchis, une espèce d'entrepôt de cargaisons des négriers capturés. La similitude apparente, existant entre cette nouvelle destination et celle qu'avait reçue premièrement la colonie, cacha d'autant mieux la transformation, que dès ce moment Sierra-Leone prit un rapide accroissement, non comme on pourrait le croire d'après les négrophiles de Londres, par l'exploitation de produits agricoles qui n'existèrent jamais que dans leurs écrits, mais tout bonnement grâce à la venue d'une foule de brocanteurs accourus à la métropole, les uns pour acheter à vil prix les nombreux bâtimens confisqués, et les autres dans le but d'échanger, avec d'énormes bénéfices, leurs marchandises européennes contre les piastres que les souverains nègres des environs recevaient en paiement des captifs vendus par eux aux traitans.

C'est ainsi que le commerce anglais vint encourager et exploiter, avec son égoïsme et son avidité ordinaires cachés sous le masque de l'humanité, la barbarie des princes africains. Aussi l'énumération des iniquités qui furent commises par les blancs de toutes les classes établis à Sierra-Leone, serait une page fort intéressante à joindre à toutes celles où sont relatés les bienfaits de la philanthropie britannique. Je pourrais montrer, s'il en était besoin, tous les moyens que la cupidité peut inventer, mis en œuvre pour gagner les primes accordées aux libérateurs des captifs saisis sur les négriers. Je ferais voir ces derniers vendus à vil prix, et repris peu de temps après ayant souvent à bord les mêmes esclaves dont ils avaient été trouvés chargés la première fois; tant l'enregistrement auquel ces infortunés devaient être soumis à leur arrivée dans la colonie, était accompli avec négligence ou mauvaise foi; de façon qu'à peine débarqués à Free-Town, ils étaient fréquemment livrés à des marchands de l'intérieur qui les conduisaient à quelque distance vers le sud, sur la côte, pour y être vendus à des capitaines dont le métier était de faire tomber navire et cargaison entre les mains des croiseurs, auxquels ils assuraient, par ce moyen, la forte somme d'argent promise pour chaque tête de noir libéré, et dont par un arrangement fait d'avance entre les capteurs et l'armateur, une partie revenait à celui-ci. Parmi les nègres délivrés, ceux qui avaient eu le bonheur d'échapper à ces nouvelles misères et aux maladies épidémiques qui, souvent, les dévoraient par centaines, ne jouissaient pas d'un sort beaucoup moins cruel; ils étaient confiés, sous le prétexte de les convertir et de les civiliser, à des planteurs qui s'occupaient bien plus à les faire travailler que d'assurer leur bien-être matériel ou moral ; en sorte que, privées de véritables protecteurs, et changeant sans cesse de maîtres par suite des ventes continuelles des propriétés ou de l'effroyable mortalité des blancs, ces pauvres créatures restaient plongées dans la barbarie, et résistaient à tous les efforts des ministres méthodistes chargés de leur éducation religieuse. En vain ceux-ci réclamaient l'exécution des règlemens promulgués en faveur de leurs néophytes ; vivant la plupart du temps en fort mauvaise intelligence avec les autorités locales, ils n'en pouvaient rien obtenir : les inspections que celles-ci devaient faire souvent pour s'assurer de la manière dont les noirs étaient traités chez les colons, avaient bien lieu ; mais ces derniers, par la négligence des inspecteurs ou une connivence coupable avec eux, échappaient si aisément aux conséquences de leur inhumanité, que les nègres étaient soumis à un joug cent fois plus dur que celui qui pesait sur leurs semblables aux Antilles.

Comment aurait-il pu en être autrement, lorsque planteurs, commerçans et même les employés de l'État, tout le monde enfin, excepté les pauvres captifs libérés, avait intérêt à ce que cet état de choses continuât le plus long-temps possible, et que le gouvernement lui-même, donnant un mauvais exemple, contraignait les meilleurs hommes, choisis parmi les sujets provenant des cargaisons de négriers confis-

qués, à entrer dans des régimens noirs, qui, à peine
organisés, prenaient la route des colonies britanniques de l'ouest, où ces soldats, de nouvelle espèce,
avaient souvent raison d'envier le sort des esclaves;
car ceux-ci, en se comportant bien, obtenaient aisément, de la générosité des maîtres intéressés à les
encourager, la récompense de leurs travaux; tandis
que les autres, malgré leur titre d'hommes libres,
restaient indéfiniment sous les drapeaux, étaient soumis à une discipline très-sévère, et, prêtés ou loués
souvent aux colons comme manœuvres, subissaient
de longues fatigues sans presque aucun dédommagement.

Cependant, en Angleterre, ces détails semblaient
complètement ignorés, et les gazettes retentissaient
chaque jour des progrès que faisaient les nègres de
Sierra-Leone, des bienfaits dont ils étaient comblés;
et, en même temps, pour achever de tromper la nation, les productions agricoles de l'établissement,
quoique ne se composant que d'un peu de coton et
d'une petite quantité de mauvais café, étaient cotées
sur les mercuriales des marchés de Londres, où un
comité, choisi parmi les membres les plus influens
de l'association africaine, se chargeait de les vendre
au plus haut prix possible. D'un autre côté, il faut
en convenir, l'éclat que jetait cette colonie ne contribuait pas faiblement à soutenir le prestige dont les
négrophiles cherchaient à l'entourer. En effet, les
navires chargés de marchandises anglaises affluaient

à Free-Town, et en rapportaient dans la métropole des capitaux considérables, ainsi que de nombreux trafiquans enrichis, qui, de concert avec les états-majors et équipages des bâtimens de la station d'Afrique, revenus chez eux avec de belles parts de prises dont les négriers avaient fait tous les frais, vantaient naturellement l'ordre de choses suivi à Sierra-Leone.

Cette prospérité, qu'avait favorisée l'arrangement conclu en 1808, par la Grande-Bretagne avec l'Amérique du Nord, pour la suppression de la traite des noirs, s'accrut d'une façon prodigieuse après la paix de 1814, époque à laquelle les colonies françaises, espagnoles et portugaises au Nouveau-Monde ayant décuplé leurs produits, demandèrent, plus que jamais, des bras à la côte d'Afrique pour cultiver leurs plantations, et, par conséquent, offrirent de nouvelles proies aux croiseurs anglais, dont l'activité dut, en conduisant une multitude de superbes prises à Free-Town, y entretenir un mouvement d'affaires considérable.

Le commerce britannique avait donc un intérêt trop majeur à ce que le voile qui couvrait les iniquités dont le nouvel établissement était le théâtre, restât baissé, pour que le gouvernement ne cherchât pas à étouffer soigneusement les plaintes des véritables philanthropes; mais il se trouva incapable de résister au torrent des réclamations, quand les négriers, soit que leur nombre eût diminué, soit que, prenant plus de précautions pour échapper à leurs ennemis, ceux-ci en capturassent beaucoup moins, ne vinrent plus enrichir annuellement de leurs dépouilles les habitans de Free-Town, ni acheter les captifs des rois voisins ; car, dès ce moment, le nombre des gens intéressés à cacher la vérité ayant diminué très-vite, celle-ci se fit jour de toutes parts, et parvint même jusqu'aux Chambres d'Angleterre, qui, éclairées enfin sur la façon scandaleuse dont les subsides énormes, fournis annuellement par elles dans le but d'améliorer le sort des esclaves et d'abolir la traite des nègres, avaient été employés, ne voulurent plus en accorder qu'une petite partie. Ainsi privée de ses principales sources d'opulence, Sierra-Leone se vit abandonnée d'autant plus vite par les chercheurs de fortune, que les associations religieuses, qui l'avaient soutenue jusqu'alors de leur influence et de leurs ressources pécuniaires, étant parvenues à un degré de puissance tel, que leurs prétentions n'allaient pas moins haut qu'à faire prononcer l'abolition de l'esclavage, la délaissèrent comme un instrument devenu inutile, et, par conséquent, comme un fardeau. Aussi déclina-t-elle si rapidement, qu'en 1837, on n'y comptait plus qu'un millier de blancs, tout au plus, presque tous employés de l'État ; et chaque jour ce nombre décroît encore, tant est profond l'abandon dans lequel cette colonie est tombée.

CAP DE BONNE - ESPÉRANCE.

L'Afrique méridionale offrait un trop beau champ aux saintes entreprises des diverses sociétés de missionnaires dont j'ai déjà parlé, à propos de Sierra-Leone, pour qu'elles ne s'empressassent pas de venir l'exploiter : aussi, dès l'époque où la colonie commençait à être prospère, avaient-elles déjà fondé un grand nombre de missions, non-seulement en dedans des frontières, mais encore chez les nations nègres voisines, sur qui elles exercèrent bientôt un très-grand ascendant, dont malheureusement les conséquences n'ont pas été favorables jusqu'ici à la tranquillité de la colonie. En effet, les principes négrophiles de ces missionnaires, le soin qu'ils prenaient des intérêts matériels de leurs néophytes, aux dépens presque toujours de ceux des fermiers, qu'ils s'efforçaient, en outre, de représenter à Londres comme les tyrans des noirs et les seuls coupables dans les scènes de violence et de pillage dont les frontières étaient le continuel théâtre, durent naturellement irriter la population blanche, et exciter entre elle et eux une animosité semblable à celle qui, en mettant aux prises les colons et les protecteurs des noirs dans les possessions britanniques intertropicales, pousse également ces dernières vers une ruine assurée.

Les premiers résultats de cette animosité au cap de Bonne-Espérance furent, en 1828, l'émancipation complète de trente mille Hottentots, dont jusqu'alors, et depuis la fondation de l'établissement, la race avait été liée, de génération en génération, à celle des Boors, auxquels elle était indispensable pour les travaux de l'agriculture ou la garde des travaux.

Cette mesure était, sans doute, conforme aux vœux de la justice et de l'humanité; mais, d'un autre côté, est-il toujours prudent, rationnel même, quand il s'agit d'intérêts généraux, basés, comme ils le sont presque tous aujourd'hui dans l'état social de l'Europe, sur l'égoïsme national, de se laisser trop aller aux sentimens de philanthropie? La politique ne peut pas être suivant l'Évangile; et l'on ne saurait conduire les nations d'après les mêmes principes qui régissent les particuliers; autrement, elles seraient bientôt dépouillées par leurs voisins. Ce qui est arrivé à l'Angleterre justifie pleinement ce que j'avance ici. En effet, elle n'a élevé sa puissance aussi haut, qu'en poussant jusqu'aux dernières limites ce principe conservateur des peuples; et, du moment qu'elle s'est avisée de faire seulement un pas dans la voie opposée, elle a compromis l'existence de toutes ses colonies à sucre, et s'est créé des embarras sans fin. Il est vrai qu'elle nous entraîne, à sa suite, au fond du précipice, précipice d'où ses immenses ressources commerciales lui permettront de se retirer sans nul doute, mais dans lequel la France, si elle persiste à suivre aveuglément les exemples de sa rivale, ne tardera pas à voir s'engloutir pour toujours son commerce maritime et le peu qui lui reste de ses anciennes possessions d'outre-mer.

Le sort des Hottentots s'était considérablement amélioré depuis la prise du cap de Bonne-Espérance par les Anglais ; et il pouvait l'être encore sans qu'il fût nécessaire d'enlever aux Boors des auxiliaires dont ils avaient tant besoin, pour en faire des fainéans, des ivrognes et des vagabonds. Il restait, il est vrai, aux habitans de la ville et de la campagne pour les aider dans leurs travaux, les captifs tirés de Mozambique, de Madagascar et des îles de la Sonde, du temps des Hollandais ; mais cette dernière ressource ne tarda pas à leur être enlevée par l'acte d'émancipation des esclaves, et cela sans presque aucun dédommagement ; car la faible indemnité accordée aux propriétaires, ainsi spoliés de la partie la plus claire de leur fortune, fut d'abord long-temps attendue, puis subit de très-fortes diminutions, par suite d'un agiotage auquel les autorités locales auraient dû s'opposer.

Les conséquences de ces deux mesures désastreuses furent une hausse énorme dans le prix de la main-d'œuvre, parce que, d'une part, beaucoup de Hottentots, abandonnés à eux-mêmes, refusèrent de travailler, et que, de l'autre, les esclaves, transformés en apprentis, suivirent, autant qu'ils purent, ces exemples, au grand déplaisir des maîtres qui, étant

chargés comme par le passé de leur entretien, quoique celui-ci fût devenu un fardeau plus lourd encore
qu'auparavant, auraient été promptement ruinés, si,
par une suite naturelle de cet état de choses, les
produits des terres ou de l'industrie n'eussent considérablement augmenté de valenr. Mais aussi, dès
cette époque, le nombre des navires que le bon
marché des vivres et des provisions à Cap-Town atti-
rait sur la rade de Table-Bay, diminua beaucoup,
et d'autant plus vite que l'art de la navigation faisant
sans cesse des progrès, les marins commençaient à
faire les voyages entre l'Inde et l'Europe sans relâ-
cher nulle part, afin d'éviter les frais.

Deux atteintes aussi terribles portées à la prospérité de la colonie, auraient dû satisfaire la tendresse
des *saints* pour la race noire, ou, pour mieux dire, la
haine des missionnaires contre les colons; il n'en
fut rien pourtant, car, usant à la fois de leur influence
en Afrique sur les Cafres, et à Londres sur les
Chambres législatives, au sein desquelles siégent
beaucoup de leurs partisans, ils se préparèrent en
silence à porter à leurs adversaires un troisième
coup plus cruel encore peut-être que les deux premiers.

L'acte d'émancipation fut voté en 1833, par le
Parlement anglais, et appliqué, en 1834, dans les
colonies anglaises.

Ainsi donc, en moins de quelques années, ce
gouvernement dont la sagesse et la politique sont si

vantées en France par des hommes qui, le plus souvent, il est vrai, en parlent sans le connaître, ou peut-être aussi sacrifient à la manie si commune parmi nous, d'exalter nos voisins aux dépens de la patrie, ce gouvernement, dis-je, a détruit pour long-temps, si ce n'est pour toujours, la prospérité d'une de ses plus importantes colonies, dans le seul but de satisfaire l'exigence de ces congrégations religieuses qui, grâce à sa faiblesse, jouent un si grand rôle en Angleterre, aujourd'hui. Or, je le demande à ces mêmes hommes pour lesquels la Grande-Bretagne est un objet de terreur et d'admiration, a-t-on jamais vu de pareilles choses se passer chez nous? Et comment y seraient traités des ministres qui sacrifieraient ainsi les intérêts généraux d'une aussi grande portée au désir de plaire aux négrophiles, et feraient, par exemple, restituer aux Bédouins les divers points de la côte ou de l'intérieur du continent africain, dont la conquête a coûté tant de sang et de trésors à la France, sous le prétexte que notre cause est injuste en Algérie ; que les doux et inoffensifs compagnons d'Abd-el-Kader sont victimes de la férocité de nos colons?

Ce n'est pas que l'on ne puisse leur adresser le reproche mérité d'avoir fait, depuis dix années, beaucoup trop de concessions (1) aux philanthrophes, une

(1) Je citerai entr'autres l'ordonnauce du 25 janvier 1840, qui dépouille les maîtres du patronage sur leurs esclaves, et la loi du 25

des plaies, suivant moi, de la société actuelle ; l'état où se trouvent nos Antilles, dépose suffisamment contre eux, ce me semble ; mais espérons que l'esprit public, dans lequel en France on ne peut méconnaître une tendance décidée à substituer un positivisme éclairé aux fausses théories qui ont causé tant de mal à l'espèce humaine, surtout depuis un demi-siècle, empêchera nos gouvernans d'imiter l'exemple de ceux de la Grande-Bretagne, en ce qui a rapport à l'esclavage. Puissent cette histoire des malheurs éprouvés par la colonie du Cap et les considérations auxquelles je compte me livrer dans le chapitre suivant, quand il sera question de Bourbon, leur démontrer que les principes des négrophiles ne doivent être adoptés qu'avec la plus grande défiance, et que, s'ils les suivent aveuglément, ils se trouvent entraînés dans la pénible alternative de commettre un acte de spoliation envers les propriétaires d'esclaves, ou bien de prodiguer les trésors de l'État pour les indemniser : deux mesures que la justice et l'économie condamnent également.

juin 1841 qui enlève aux conseils coloniaux la plus grande partie de leurs attributions financières.

ILE DE FRANCE ET BOURBON.

Les apôtres de l'émancipation sont parvenus, en usant de leur immense influence sur le gouvernement, et sous le prétexte d'améliorer le sort des noirs, à lui arracher la sanction de plusieurs mesures provoquées clairement dans le but d'amener l'affranchissement pur et simple des esclaves, c'est-à-dire sans que les maîtres aient reçu aucune indemnité de l'État. Pour arriver à ce but, ils commencèrent par faire complètement affranchir *les Libres des Savanes*, qui se trouvèrent ainsi soustraits, pour la plupart, à la surveillance de leurs anciens patrons, et privés, par conséquent, du secours qu'ils en recevaient. Bientôt après, il fut question d'accorder aux esclaves non-seulement la faculté de se racheter à un prix fixé par les magistrats, et sans avoir besoin de l'autorisation de leurs maîtres, mais encore le droit légal de propriété.

Ces deux concessions, que trouvent aussi justes que simples ceux de nos législateurs pour qui les colonies et les institutions sur lesquelles leur ordre social est basé, paraissent également étrangères; ces deux concessions, dis-je, achèveraient, si elles étaient faites, de rompre les liens qui unissent encore les esclaves à leurs maîtres, et auraient pour résultat certain la ruine de ces derniers et l'insubordination de la population noire. On ne peut douter de ce résultat : les planteurs se verront exposés constamment à perdre la plus active, la plus intelligente partie de leurs ateliers, celle enfin sans laquelle toute exploitation devient impossible, et cela pour un dédommagement bien au-dessous du tort qu'ils éprouveraient. Le droit de posséder ou de pécule, suivant l'expression reçue, n'aurait pas de moins graves inconvéniens pour les colons, puisqu'il les mettrait dans l'impossibilité, ou à peu près, de se faire obéir par des hommes pouvant les appeler, à tout propos, en justice, et libres de confier dorénavant leurs intérêts à des gens de loi, que l'intérêt du gain ou l'envie de se donner de l'importance portera immanquablement à semer la discorde entre les parties, au lieu de les tenir en bonne intelligence.

Présentés adroitement, sous le point de vue philanthropique, aux Chambres, ces règlemens y ont trouvé des partisans nombreux (1), qui, trompés par de faux renseignemens, ne se doutent pas combien, en cette circonstance, leur manière de voir peut exercer une fatale influence sur l'avenir de nos possessions d'outre-mer. Ils ne savent pas sans doute dans quelle situation difficile elles se trouvent, et à quel point leur conservation est douteuse aujourd'hui; ils ignorent

____

(1) Le pécule légal et le rachat forcé ont aussi trouvé des adversaires nombreux dans les Chambres, même parmi les abolitionistes. (Voir le rapport de M. de Tocqueville en 1839.)

aussi combien il est difficile de maintenir dans l'ordre cette classe d'hommes de couleur, dont la masse, déjà beaucoup trop considérable, se recrute sans cesse de la foule des nouveaux affranchis, et qui, n'ayant pour la plupart aucun moyen d'existence, se livrent, dans les cantons peu éloignés des villes, à toutes sortes de déprédations pour exister, parcourent les habitations, se mêlent aux ateliers afin d'y entretenir l'agitation, et cherchent ainsi à gagner des auxiliaires pour le moment, peu éloigné suivant eux, où ils expulseront les blancs de leurs propriétés.

De pareilles espérances, toutes chimériques qu'elles paraîtront aux personnes qui ne connaissent pas ces contrées lointaines, sont-elles à mépriser ? Non, sans doute, puisque chaque jour le mal fait de rapides progrès et semble les justifier. Si, dès à présent, les planteurs n'exercent plus qu'une très-faible influence sur les nègres et ne parviennent que difficilement à les faire obéir, que sera-ce donc quand les esclaves pourront acquérir la liberté à prix d'argent ? Alors ils les verront la payer, les bons sujets avec le produit des terrains même qu'ils tiennent de leur générosité, et les mauvais avec les fruits de toutes sortes de rapines, réduisant ainsi leurs maîtres à la triste condition de n'avoir plus pour leurs travaux que des nègres bruts et paresseux, ou bien de se défendre sans cesse contre la rapacité de misérables, pour qui le droit de se racheter ne sera qu'une prime offerte au vol ainsi qu'à la démoralisation.

Il est donc clair que les colons ne peuvent échapper à une ruine complète si le gouvernement adopte ces fatales mesures; et pourtant elles ne sont tenues suspendues sur leurs têtes que par un fil que peut rompre le moindre effort (1). A-t-on bien le droit, après cela, de les juger sévèrement, parce qu'ils se montrent défians et injustes envers un pouvoir auquel ils reprochent, non sans raison suivant eux, de les sacrifier, dans cette occurrence, aux exigences d'un parti puissant? Quelle résignation, je le demande, peut-on attendre de gens qui, déjà aigris par les diminutions considérables qu'a fait subir à leurs revenus la redoutable concurrence du sucre indigène, voient tomber une à une les dernières barrières qui les garantissent encore des plus grands malheurs, et en sont réduits à craindre continuellement d'être égorgés sur leurs habitations, par les domestiques ou les ouvriers au milieu desquels ils vivent? Est-il donc étonnant qu'ils cherchent à faire cesser un pareil état de choses, et émettent la prétention assez juste, ce me semble, qu'on les laisse tirer parti tranquillement du travail de leurs esclaves, ou bien

(1) Les considérations de M. l'amiral Laplace sur le pécule et le rachat ont un intérêt d'actualité, car on annonce que le ministre de la marine et des colonies prépare, sur ce sujet, ou un projet de loi, ou un projet d'ordonnance.

J'ai démontré, dans un écrit publié en avril dernier, que le pécule légal et le rachat forcé, dangereux pour les maîtres, seraient funestes aux esclaves.

qu'on leur paie la valeur de ces derniers, si décidément les droits d'une sage politique doivent céder aux exigences d'une philanthropie exagérée?

Telle est la question d'où dépend aujourd'hui l'existence non-seulement des colons, mais encore de nos colonies. Paraît-elle bien comprise par les personnes chargées de l'éclaircir et de la résoudre? Il est clair que non, si on en juge d'après les divers rapports faits aux Chambres sur ce sujet important, et les moyens indiqués pour arriver à une solution protectrice de tous les intérêts. En effet, ces rapports trahissent généralement l'ignorance la plus profonde du sujet qu'on y traite, et auraient immanquablement égaré l'opinion de nos législateurs, si ces derniers n'y avaient sagement reconnu l'influence des abolitionistes, qui, dans leur impatience de parvenir au but de leurs désirs, semblent peu s'inquiéter du reproche qu'on pourrait leur adresser, de mettre le Gouvernement dans la triste alternative de commettre une injustice criante envers les colons, ou bien d'entraîner le pays dans d'immenses sacrifices. Que nos députés n'adoptent pas, sans bien les approfondir, les divers systèmes d'émancipation qui leur sont proposés, parce que chaque pas qu'ils font dans cette voie, c'est un principe qu'ils admettent, des engagemens qu'ils prennent, au nom de la France, envers un parti dont la tactique paraît être d'endormir leur vigilance par l'assurance d'un succès certain, et de les faire s'engager de manière que, quel que soit l'événement, il n'y ait plus moyen pour eux de revenir sur leurs pas. Que, de leur côté, nos ministres fassent attention que la lourde responsabilité de l'avenir pèse sur eux et non sur les donneurs de conseils qui, presque toujours, se montrent les juges les plus sévéres quand l'événement ne justifie pas, (ce qui dans ce cas arrivera suivant toute probabilité) les promesses faites, à leur instigation même, par le pouvoir. Or, de quelle pesante responsabilité ne se chargera pas ce dernier, si, cédant à l'impulsion qu'on cherche à lui donner, il se prononce pour la libération immédiate des esclaves, et vienne demander aux Chambres les moyens de l'accomplir? Sans doute que ces moyens, quels qu'ils soient, seront plus nobles, plus dignes d'une grande nation, que ceux auxquels on a eu recours jusqu'à présent et dont j'ai parlé plus haut; mais pourront-ils être obtenus aisément des Chambres, puis appliqués facilement? c'est douteux pour toutes les personnes sages et connaissant les colonies.

Aux yeux de ces personnes, il est constant aujourd'hui que la question d'émancipation ne peut plus être résolue qu'en payant la valeur des nègres à leurs maîtres. Aussi, est-ce dans la manière de se procurer l'argent nécessaire pour ce remboursement et celle dont il faut s'y prendre pour en donner le moins possible, que se trouve la difficulté? Bien des façons de la lever ont été proposées, et, vraiment, la plupart sont si absurdes, qu'elles ne méritent pas qu'on en fasse mention. Deux seules, à mon avis, peuvent supporter la discussion. L'une, c'est de rembourser le prix entier de chaque esclave; l'autre, de n'en donner qu'une partie, et de le compléter, comme ont fait les Anglais, par un certain nombre d'années de travail imposées à l'individu libéré, ou, pour me servir du mot reçu, par une sorte d'apprentissage.

Le premier de ces modes d'émancipation conviendrait parfaitement, sans nul doute, aux négrophiles, ainsi qu'aux riches colons, dont, une fois le marché accompli, la plupart abandonneraient avec empressement leurs propriétés, dès lors sans valeur, pour revenir en France. Mais celle-ci voudra-t-elle autoriser ses représentans à donner plusieurs centaines de millions pour cette transaction, qui, toute prônée qu'elle est par les philanthropes, n'en serait pas moins fort peu avantageuse au pays, lequel perdrait ainsi à la fois ses colonies et ses trésors, deux choses qu'il doit conserver soigneusement, quoi qu'en disent nos économistes du jour, pour qui les unes et les autres semblent un fardeau dont ils sont pressés de se débarrasser?

Cependant, comme les contribuables ne sont pas communément aussi généreux, et qu'il est plus que douteux que leurs délégués à Paris consentent jamais à sacrifier tant de millions au bien-être d'une race ennemie de la nôtre, lorsque chez nous les villes et les campagnes regorgent de pauvres gens, mille fois plus malheureux que les noirs; les abolitionistes

cherchent à faire adopter le second mode d'affranchissement, qui, à mon avis encore, est, de même
que le premier, condamné par la prévoyance et par
les principes d'une sage administration. En effet, ad-
mettons qu'à l'exemple des Anglais, que, dans cette
affaire encore, on veut absolument prendre pour mo-
dèles, le Gouvernement, violenté par uu parti, demande et obtienne des Chambres les subsides nécessaires pour rembourser aux propriétaires d'esclaves
la moitié, c'est le moins qu'on puisse leur offrir, du
prix de ces derniers, comment parviendra-t-il à com-
penser l'autre moitié? Là se trouve le nœud gordien,
et nous allons voir qu'il est tout aussi difficile à dé-
faire qu'à trancher.

Sans doute que l'apprentissage fut reconnu, à l'é-
poque déjà reculée où nos voisins l'employèrent,
comme le seul moyen un peu rationnel de payer une
partie de la valeur des noirs libérés; mais aujour-
d'hui, par la façon même dont les Anglais l'ont appliqué, ce moyen est devenu d'un emploi, sinon impossible, du moins extrêmement scabreux, et capable
d'entraîner le pouvoir dans une foule d'embarras.

Afin de soustraire leur projet aux risques de non-
succès dont il est menacé, les partisans de l'émancipation ont cherché à faire subir au mode d'apprentissage employé par la Grande-Bretagne, quelques
modifications, au moyen desquelles ils espèrent éviter les obstacles insurmontables qu'ils craignent,
avec raison, de rencontrer à chaque pas sur leur

chemin; mais ils n'en sont pas moins contraints d'employer le même principe, et ce principe sera toujours mauvais, quelles que soient les formes dont on l'enveloppera. Nos voisins n'ont pu employer l'apprentissage avec quelque succès, comme auxiliaire de l'émancipation, que parce qu'alors il n'était pas éprouvé encore; mais aujourd'hui, cet auxiliaire est apprécié à sa juste valeur, et les colons des Antilles françaises savent trop combien ceux des possessions britanniques ont eu peu à s'en louer pour donner dans le même piége : leurs nègres eux-mêmes, auxquels on promet imprudemment depuis si long-temps la liberté, se contenteront-ils, lorsque vous aurez achevé de briser les faibles liens qui les tiennent dans la dépendance, se contenteront-ils, dis-je, eux pour qui l'indépendance est synonyme d'oisiveté et de désordre, d'une liberté équivoque, chargée, pour bien des années encore, des chaînes de la servitude, quand, presque sous leurs yeux, la population noire des îles anglaises jouit sans entraves d'une complète indépendance? Non, sans doute, ils ne comprendront pas la portée du bienfait que vous leur accorderez, bienfait dont ils ne recevront le prix qu'après un certain temps d'épreuves, c'est-à-dire de durs travaux. Aussi ne tiendront-ils nul compte de ce que vous aurez fait pour eux, et bien-tôt, profitant de la facilité que le nouvel ordre de choses leur donnera, de se soustraire à la surveillance de leurs anciens maîtres; d'abord ils suivront les dangereuses leçons des mulâtres, en refusant de travailler, puis se mettront en lutte ouverte contre les blancs, et enfin tenteront de conquérir la liberté par les massacres et les dévastations. C'est alors que le Gouvernement comprendra combien est mauvaise la voie dans laquelle il se sera engagé. Première-ment, j'en conviens, il se verra prôné et applaudi par les philanthropes et par les négrophiles; mais son triomphe sera de courte durée, et bientôt les plaintes, les récriminations l'assailliront de toutes parts : d'un côté, les Chambres lui demanderont compte, au nom du commerce maritime et de l'in-dustrie, de nos colonies et de nos trésors sacrifiés si aveuglément à l'affranchissement des esclaves; de l'autres, les colons, revenus bientôt du sentiment de gratitude que leur aura inspiré, au premier moment, l'indemnité, se poseront en victimes, et, poussant jusqu'à ses dernières conséquences le principe de compensation admis en leur faveur, ils réclameront sans cesse de nouveaux dédommagemens : aujour-d'hui, tout le monde en France est contre eux; alors tout le monde les plaindra, et nos ministres, que la généralité des partis rendra responsables des mau-vais résultats de l'émancipation, seront accusés d'i-gnorance, ainsi que d'incapacité, par la masse des hommes raisonnant bien ou mal économie politique, et surtout par ceux-là même qui savent très-bien que le seul reproche à faire au pouvoir est d'avoir cédé trop facilement à leurs pernicieux conseils. Enfin, tant de sacrifices imposés au pays n'auront abouti qu'à faire sortir violemment nos pauvres petites colonies d'une situation, précaire il est vrai, mais au moins paisible, matériellement parlant, pour les plonger dans la plus horrible des anarchies.

Quant aux esclaves, il n'y a rien à craindre de leur part, tant qu'on ne tentera pas de les soustraire à la surveillance ou à l'autorité de leurs maîtres ; car, vivant heureux dans des cases et sur des coins de terre appartenant aux propriétaires des habitations, on les trouve fort peu désireux, généralement, d'une indépendance qui les priverait de ces avantages, avantages auxquels ils doivent tenir d'autant plus, que si le souvenir des terribles révolutions dont les Antilles ont été le théâtre au commencement du siècle, n'est pas tout-à-fait sorti de leur mémoire, ils ne peuvent ignorer que, hors de leur situation présente, il n'y a pour eux que misère et abandon, ou bien une carrière de crimes et de brigandages.

Conservons donc nos colonies dans leur état actuel, si nous ne voulons pas les perdre, et nous trouver sans une seule possession au-delà des mers. N'oublions pas que l'Espagne, notre alliée naturelle contre l'ambitieuse Angleterre, se trouve dans le même cas que nous, et que le moindre essai d'émancipation de notre part lui ravira Cuba et Porto-Rico, ses deux principales ressources, dans l'état où ses finances sont tombées ; état tellement déplorable, que de bien long-temps elle sera incapable de fournir des subsides pour payer l'affranchissement des esclaves, si on la forçait d'avoir recours à ce moyen. Adoptons donc une marche qu'elle puisse suivre. Bornons-nous à entretenir aux Antilles et à Bourbon une administration prudente et vigoureuse à la fois, qui, en assurant aux planteurs la jouissance de leurs ateliers pendant un certain nombre d'années, les mette à même de se créer des ressources pour l'époque, peu éloignée probablement, où sonnera l'heure dernière des colonies à nègres. Puis, si la Grande-Bretagne trouve que nous tardons beaucoup à suivre son exemple, répondons-lui que nos esclaves se trouvent, et sont, en effet, bien plus heureux que ses nègres émancipés; et, dans le cas où cette raison ne suffirait pas aux négrophiles anglais, disons de plus que la France n'ayant pas, comme sa voisine, des royaumes aux Indes-Orientales pour remplacer ses Antilles perdues, doit regarder à deux fois avant de compromettre l'existence de ces dernières aussi légèrement; enfin, ajoutons que, peu curieux d'aller, comme elle fait à présent, chercher des travailleurs à la côte d'Afrique pour sauver d'un abandon total ses plantations en Amérique, nous aimons mieux garder, telles qu'elles sont, les populations noires de nos colonies (1).

(1) Il faut, dit ailleurs M. l'amiral Laplace; il faut que notre Gouvernement montre à l'Angleterre la volonté bien prononcée de con-

En vain les partisans de l'émancipation ont cherché et cherchent encore aujourd'hui à tromper le public sur les déplorables conséquences de leurs fatales théories; en vain ils répandent à profusion, sur l'état actuel des colonies britanniques, des rapports mensongers où ils les représentent comme n'ayant rien perdu au changement d'état de la race noire. Les faits matériels parlent contre eux. Il est constant que les produits des Antilles anglaises et de la Guyane ont considérablement diminué; que les nègres, dont les dispositions au travail étaient plus qu'équivoques pendant l'époque de l'apprentissage, ne veulent plus travailler, ou s'y montrent très-exigeans pour les salaires, depuis leur complète émancipation; enfin, que la population blanche de ces divers pays est divisée en deux factions, irréconciliables ennemies. Chez l'une, celle des planteurs, des revers de fortune causés par le système nouveau, une ruine paraissant inévitable, la complète subversion morale et matérielle de l'ordre social, ont exaspéré les esprits. Chez l'autre, le parti abolitioniste, on retrouve toute l'intolérance, le fanatisme aveugle, la soif de domination, ordinaires aux sectes religieuses. J'ai fait voir ces dernières, dans la première partie de cet ouvrage, remuant les passions des masses pour arracher des sacrifices énormes au gouvernement, sacri-

ser_ver nos colonies dans leur état actuel et de ne souffrir de sa part aucune tentative occulte ou déclarée pour le changer.

fiant sans remords, à la réalisation de chimères phi-
lanthropiques, les plus belles possessions de leur
patrie et les fortunes d'un million de leurs conci-
toyens; maintenant je les montrerai employant tous
les moyens possibles, même les plus iniques, au
triomphe de leurs principes; poussant les colonies
étrangères dans un gouffre de calamités (1); marchant
à la tête des populations noires, dans la lutte que
celles-ci ont engagée avec les blancs pour s'emparer
du pays où elles furent en servitude, et n'ayant pas
honte, afin d'atteindre ce but, d'exciter leurs protégés contre les colons, qu'elles cherchent à mettre
pour ainsi dire au ban de l'humanité.

N'était-il pas naturel, après cela, que ces derniers,
iniquement dépouillés de leurs biens par le gouvernement, blessés cruellement dans leurs préjugés, dési-
gnés par des prêtres fanatiques à l'animadversion
de l'Europe entière, aient vu avec crainte mettre à
exécution chez eux le système de l'apprentissage, et,
plus tard, se soient laissés aller à maudire la mère-
patrie, lorsque celle-ci, non contente de ne leur payer
qu'une partie de la valeur des esclaves, est venue,
toujours poussée par les abolitionistes impatiens
d'arriver à leurs fins, diminuer de deux années le

(1) *The Anti-Slavery Society*, dont le siége est à Londres, envoie
ses missionnaires en France, en Hollande, en Espagne. Elle consa-
cre des sommes considérables, produit de ses souscriptions, à s'assurer le concours de la presse française, hollandaise et espagnole.

temps pendant lequel les nègres devaient travailler gratuitement comme apprentis? Ensuite, quels dégoûts, quelles persécutions n'ont-ils pas éprouvés, quand ces mêmes apprentis eurent été complètement rendus à la liberté! Les négrophiles prétendent, d'un air triomphant, que leurs protégés ne se sont pas livrés, à cette époque critique, comme on le redoutait généralement, au désordre et à l'anarchie. Ils ont raison; mais ce qu'ils ne disent pas, c'est que les nouveaux citoyens, à peine délivrés, par l'émancipation, de la crainte que leur inspiraient les magistrats chargés de les surveiller pendant la durée de l'apprentissage, et libres, par conséquent, de suivre sans entraves leurs mauvais penchans, ont abandonné, presque tous, les habitations sur lesquelles leurs familles étaient établies et bien traitées de temps immémorial, et cela, dans le seul but : les uns, de se livrer au vol et au vagabondage; les autres, de s'établir sur les terrains domaniaux voisins des montagnes, où ils passent les jours à s'enivrer ou à dormir sous de mauvaises huttes, et les nuits à commettre toutes sortes de déprédations sur les propriétés des environs. Bon nombre se sont retirés dans les villes, et s'y livrent, pour subsister, aux plus coupables industries. Quant à ceux qui n'ont pas encore renoncé aux travaux de la terre, l'amour du changement et de l'oisiveté, la soif du gain, inhérens au caractère du nègre, les rendent peu utiles aux planteurs, que souvent ils délaissent, sous le prétexte le plus frivole et malgré des engagemóns contractés d'avance, au moment de la récolte, c'est-à dire à l'époque où ils sont le plus nécessaires, pour aller se livrer à d'autres propriétaires que le besoin de bras force de leur donner des salaires exorbitans. Sans doute que la loi ne tolère pas de semblables friponneries ; mais les maîtres ayant à craindre que la moindre plainte juridique contre les délinquans ne fasse déserter le reste de l'atelier, et de plus, les frais de procédure contre les engagés déserteurs ou accusés de quelque crime étant à leur charge, préfèrent supporter la paresse, l'insolence et même les déprédations des ouvriers, plutôt que de s'exposer au double risque de faire des dépenses inutiles ou d'être abandonnés par eux. Il est aisé de concevoir tout ce qu'une pareille tolérance, que la prédilection, je dirai même la partialité des juges en faveur des engagés accusés par les colons, rend plus complète encore, peut amener d'inconvéniens à sa suite. Les délits se sont multipliés avec une rapidité déplorable : tous les liens de famille que l'ancienne répartition des noirs sur les habitations et les habitudes morales que les maîtres s'étaient efforcés de conserver, de temps immémorial, parmi les esclaves, sont complètement détruits; les fils délaissent leurs parens vieux ou infirmes ; les femmes, qui trouvent au sein des villes, où elles se retirent en foule, les moyens d'exister en se livrant à la prostitution, se refusent généralement à toute espèce d'occupations utiles, ne veulent plus contracter d'unions légitimes, et finissent souvent par abandonner leurs enfans; en sorte que ceux de ces malheureux, que l'âge ou les maladies ont bientôt réduit au plus affreux dénûment, mourraient par centaines, si leurs anciens patrons, auxquels ils ont recours dans la détresse, ne venaient à leur secours. Un pareil acte d'humanité de la part de ces derniers est d'autant plus louable, que la population noire ayant brisé complètement tous les liens de mutuelle affection ou de gratitude qui l'attachaient, naguère encore, aux blancs, se prépare visiblement à la lutte, dont l'issue la rendra probablement maîtresse du sol (1).

Peut-être cette époque est-elle encore éloignée; cependant le mal est très-grand, si grand même que les lois faites pour le réprimer se trouvent insuffisantes. Le vagabondage auquel se livrent la plupart des nègres émancipés, le vagabondage, dis-je, cette plaie des colonies britanniques, a pris une effrayante extension, et nul remède n'a pu jusqu'ici en arrêter les progrès. Il est la cause de mille délits, de mille crimes contre les propriétés et contre les mœurs : le

(1) Avant M. l'amiral de Laplace, M. de Tocqueville avait dit dans *sa démocratie en Amérique* : « Partout où les noirs et les blancs se rencontreront, il y aura asservissement des noirs par les blancs, ou destruction des blancs par les noirs. C'est le seul compte qui puisse être jamais ouvert entre les deux races. »

On ne saurait trop répéter et méditer ces paroles prophétiques de M. de Tocqueville.

glaive de la justice s'émousse chaque jour davantage
et ne cause presque plus de terreur aux coupables,
qui, du reste, se soustraient aisément à ses coups
par la fuite dans les montagnes ou dans les cantons
éloignés des villes. La démoralisation s'accroît chaque jour, et, en face de cette tourbe d'individus des
deux sexes, sans principes, sans éducation religieuse,
sans presque aucune tradition de société ou de famille, complétement ignorans des obligations que
leur impose l'affranchissement, les magistrats se trouvent pour ainsi dire désarmés, tant est grand le nombre des coupables à condamner. En vain le Gouvernement, pour établir quelques antécédens, a fourni
gratuitement à ses propres affranchis, des cases, des
terres, des instrumens aratoires, et même des vivres,
dans le but d'en faire des laboureurs sages et laborieux : la plupart des concessions restent en friche;
et les cases sont devenues presque généralement des
repaires de maraudeurs et de recéleurs. En vain encore il a fondé des écoles élémentaires, où la génération noire qui grandit devait se former à la vertu
et devenir digne de la liberté : les écoles sont à peu
près désertes, et les enfans s'empressent de suivre le
mauvais exemple qu'ils reçoivent de leurs parens. Il
est probable que les philanthropes comptaient sur
des résultats tout autres ; cependant, que devaient-
ils attendre de moins mauvais, de créatures chez lesquelles l'imprévoyance et la paresse le disputent à
l'ignorance et aux plus grossiers penchans ; qui, vi-

vant sous un climat dont la chaleur perpétuelle rend les vêtemens inutiles et fait pousser spontanément une foule de végétaux bons pour la subsistance de l'homme, peuvent se livrer, sans crainte de la faim ou du froid, à leur passion pour l'oisiveté? Est-il donc étonnant qu'aujourd'hui, se trouvant libres de vivre à leur fantaisie, ils ne veuillent plus travailler? Ajoutons que, prônés depuis long-temps par les négrophiles, excités contre les blancs, ils se figurent être non-seulement les égaux de ces derniers sous tous les rapports, mais encore comme ayant été spoliés, par eux, de pays à la propriété desquels ils croient avoir des droits incontestables, parce que leurs pères et eux-mêmes les ont cultivés.

Voilà pourtant les hommes qu'on a fait passer, sans presque aucune transition, de la servitude à la possession de tous les droits des citoyens anglais, et dont on s'est efforcé d'établir le prétendu bien-être aux dépens des colons, avec une partialité, une violence que ces derniers ne méritaient pas!

En effet, ces pauvres colons, si calomniés par les abolitionistes, font cependant, il faut en convenir, tout ce qu'ils peuvent pour améliorer la race noire; et s'il est vrai que d'abord ils aient défendu avec trop de persistance leurs préjugés de caste, du moins ils se montrent noblement résignés aujourd'hui à toutes les conséquences de l'émancipation, quoique leur position morale et matérielle soit vraiment devenue intolérable. D'une part, luttant en vain contre les préventions que leurs ennemis ont su soulever contre eux, ils ne trouvent en Europe qu'une froide indifférence pour leurs malheurs, et ne rencontrent chez les magistrats chargés de vider leurs différends avec les engagés, que des dispositions malveillantes auxquelles l'absence complète d'un code sur cette matière donne une importance bien fatale à leurs intérêts. De l'autre part, ils voient les charges auxquelles les condamne l'émancipation des esclaves s'accroître sans cesse, et les récoltes aller en diminuant chaque année, faute de bras pour cultiver les terres, alors que des engagemens, pris antérieurement dans l'espoir de chances moins malheureuses, les livrent aux poursuites de leurs créanciers; en sorte que la plupart d'entre eux envisagent leur ruine s'approchant à grands pas, sans qu'ils puissent l'éviter.

Tels sont les résultats d'abord de l'apprentissage, puis de l'émancipation, dans les principaux établissemens britanniques au Nouveau-Monde. Ce tableau de l'état actuel de ces derniers, n'est pas conforme, je le sais, à celui qu'en tracent les négrophiles dans leurs écrits; il est cependant complétement vrai et affranchi de toute prévention. Je ne blâme pas le principe de l'affranchissement des esclaves : loin de là, je le trouve juste et noble; mais j'attaque la manière beaucoup trop précipitée avec laquelle il a été appliqué, et l'esprit qui a présidé à son exécution. Sans doute que l'intention du gouvernement britannique, en s'engageant dans cette voie, était d'y marcher pas à pas, et de remplacer l'autorité des maîtres, seul frein que reconnussent les esclaves, par le pouvoir des lois, à mesure que la population noire, rendue moins grossière et moins dépravée par l'instruction religieuse et une sorte d'éducation civile, serait enfin devenue capable de comprendre ce que c'était que la liberté; mais les ministres anglais, violentés par les sectes religieuses, n'ont pu suivre la route qu'ils s'étaient d'abord tracée, et se sont vus contraints d'accorder, sans retard, l'indépendance politique à des hommes complètement dépourvus d'industrie, ainsi que de l'amour de l'ordre et du travail. Bien plus, il a fallu qu'avec d'aussi mauvais élémens, ils reconstruisissent un nouvel ordre social dans les colonies, comme si des lois suffisaient pour accomplir une œuvre aussi difficile, et faire s'aimer et se confondre deux races que les préjugés, les haines, les vengeances séparent entre elles. Qu'est-il arrivé? ces lois contre la paresse, la déprédation et le vagabondage se sont trouvées inexécutables, tellement le nombre des coupables est grand, et l'émancipation qui devait produire tant d'améliorations pour la race noire, n'a fait qu'en retarder la civilisation.

Un pareil état de choses, qui empire chaque jour, conduit immanquablement les colonies à leur perte, et cependant il est plus que douteux que toutes les mesures qu'on pourra adopter pour en arrêter les funestes progrès, soient suivies de quelques résultats avantageux. En effet, comment remettre au travail, lorsque enfin on sera convaincu que la population esclave n'était nullement mûre pour la liberté, ni même digne de l'intérêt que les négrophiles ont cherché à appeler sur elle; comment, dis-je, pourra-t-on remettre au travail tous ces noirs qui, soustraits depuis plusieurs années au seul mode de surveillance susceptible de les civiliser, celui que chaque maître exerçait séparément dans son atelier, ne présentent plus aujourd'hui qu'une masse d'êtres habitués à l'oisiveté, au brigandage, à la débauche, ayant les mêmes mauvais penchans, les mêmes intérêts, et tellement compacte, que l'action des lois ne peut, pour ainsi dire, la pénétrer? N'est-il pas même à craindre qu'une répression un peu sévère de ces désordres ou seulement le retrait de quelques-unes des faveurs dont elle a été comblée, ne la fasse passer rapidement du vol ou de la maraude auxquels elle se livre, à la révolte et au massacre des blancs?

Je m'attends bien qu'en lisant ceci, les personnes qui considèrent l'Angleterre comme infaillible, et jugent tout ce qu'elle fait conforme à la sagesse et à ses intérêts, diront sans nul doute qu'en proclamant l'affranchissement des esclaves, elle s'est réservé les moyens de les faire rentrer dans l'ordre, s'ils ne reconnaissaient pas convenablement cette faveur. Mais ignore-t-on que son gouvernement n'aurait jamais pris un parti aussi contraire aux intérêts du pays, s'il n'avait été contraint de céder à cet esprit de bigoterie qui a fait tant de progrès chez nos voisins depuis la fin du siècle dernier, et contre lequel on voit les véritables hommes d'État de la Grande-Bretagne lutter, mais en vain, depuis plus de soixante années? Ils savent fort bien que l'émancipation causera la perte des colonies, et n'a rapporté au commerce et à la politique de leur patrie presque aucun des avantages promis par les abolitionistes, avantages dont la prétendue réalisation sert à ces derniers de voile pour cacher leurs mauvais succès.

Parmi ces avantages, on cite principalement celui que procure aux manufactures de la métropole l'accroissement considérable qui a lieu, en ce moment, dans la consommation des marchandises de luxe aux possessions anglaises en Amérique, et qu'on attribue aux progrès faits par les émancipés en bien-être matériel; mais leurs protecteurs ont-ils bien raison de vanter ces progrès? non vraiment; car la plupart des protégés ne se procurent ces superfluités, dont malheureusement on s'est efforcé de leur inspirer le goût, qu'en commettant mille délits contre le bien d'autrui. Or, je le demande, une pareille source de profits peut-elle offrir quelque garantie de durée au commerce de nos voisins (1)?

. (1) L'accroissement de l'importation des marchandises anglaises dans les colonies émancipées est un des avantages de l'émancipation sur lequel s'arrête avec le plus de complaisance le rapport de M. le duc de Broglie.

On voit que cet accroissement d'importation n'avait une cause ni morale ni durable.

Si ces mêmes hommes d'État considèrent l'émancipation sous le point de vue politique, ou du moins dans ses rapports avec les intérêts des colonies, ils trouveront de nouvelles raisons de la désapprouver. En effet, contraints de renoncer de plus en plus à l'espoir de faire travailler les affranchis aux plantations d'une manière convenable, c'est-à-dire suivie et à des prix modérés, les planteurs n'ont pas d'autre perspective que celle d'abandonner bientôt leurs propriétés pour se retirer sur l'Ancien-Monde. En vain ils cherchent à conjurer leurs désastres, les uns en faisant venir des cultivateurs, soit d'Europe, soit de l'Amérique du Nord, des Açores ou des Canaries : le climat brûlant des tropiques les a bientôt dévorés; les autres demandent de nouveau des bras à l'Afrique, comme si les pauvres nègres, transportés aux Antilles sous le nom d'engagés, nouveau nom inventé par la politique anglaise pour cacher cette espèce de traite, consentiront à remplir jusqu'au bout leurs engagemens quand ils se trouveront au milieu d'une population noire qui refuse de remplir les siens. Enfin, une autre grande preuve de détresse que donnent les habitans des colonies à sucre de nos voisins, c'est l'essai infructueux, tenté par ceux de la Guyane, de tirer de l'Indostan des laboureurs pour remplacer leurs anciens esclaves dont ils ne peuvent plus rien obtenir.

Oui, il est constant, quoi qu'en disent les abolitionistes, que l'Angleterre se repent d'avoir changé la face de ses possessions au Nouveau-Monde et détruit ainsi, sans aucune compensation pour elle, un de ses principaux élémens de prospérité. C'est une erreur, suivant moi, de croire qu'elle les a sacrifiées ainsi, dans le but de faire tomber dans le même gouffre ceux des autres puissances européennes, et d'assurer, par ce moyen, à l'Inde britannique, le monopole du commerce du sucre avec le monde entier : cette pensée n'est venue que plus tard à son gouvernement, lorsque, comprenant l'étendue de la faute où l'influence des négrophiles l'avait entraîné, il a cherché, avec sa ruse, sa persévérance habituelles, les moyens de la réparer ; et, se servant aujourd'hui de la cause même du mal comme de remède, il cache sous le masque de la philanthropie (1) son projet bien arrêté de ruiner, par l'affranchissement des esclaves, toutes les colonies à sucre étrangères. Aussi, nous cache-t-il ses mécomptes autant qu'il le peut, et essaie-t-il de faire croire que les noirs affranchis, pleins de reconnaissance pour ses bienfaits, se soumettent avec empressement au joug des lois, et ne voient plus dans leurs anciens maîtres que des bienfaiteurs; tandis que, bien au contraire, les deux races se détestent plus que jamais, et sont sur le point de

(1) Le Gouvernement britannique vient donner une nouvelle preuve de sa philanthropie en faisant rejeter, par la Chambre des communes, la clause d'un bill qui réduisait à 10 le nombre des heures de travail des femmes et des enfans dans les manufactures.

commencer une lutte dont l'issue probable sera l'expulsion ou le massacre des blancs.

L'*Ile-de-France*, quoique isolée au milieu de l'Océan-Indien, n'a pas été plus favorisée sous ces divers rapports que les Antilles anglaises, puisque là aussi l'émancipation a complètement désorganisé l'ordre social, et fait rétrograder rapidement la prospérité dont jouissait auparavant cette belle colonie. A peine libérés, les nègres employés aux plantations ont abandonné en majeure partie la culture des terres; en sorte que, sur la plupart des habitations, les récoltes ne peuvent se faire; les champs tombent en friche, et les planteurs voient non-seulement leurs revenus ainsi compromis par le manque de travailleurs, mais encore leurs propriétés en proie aux rapines des affranchis, qui, soustraits à toute espèce de surveillance, se livrent, pères, mères et enfans, au vagabondage, à la maraude et à tous les excès de l'ivrognerie. A peine, sur soixante-dix mille apprentis libérés, en compte-t-on un quart gagnant leur vie d'une façon licite, et encore se refusent-ils, par horreur pour toute espèce de frein, à contracter aucun engagement de quelque durée. Aussi, les crimes et les délits contre les propriétés se sont-ils multipliés tellement, que les tribunaux ne suffisent plus pour juger les coupables, ni les prisons pour les contenir.

Un pareil état de choses aurait promptement causé la ruine de la colonie, si les habitans n'avaient fait venir, il y a quelques années, des cultivateurs indiens, dont alors l'extension énorme des cultures rendait l'assistance absolument nécessaire, et qui, au nombre de vingt et quelques mille environ, forment aujourd'hui, avec la moitié tout au plus de ce nombre d'engagés noirs, la classe agricole de l'Ile-de-France. Mais cette ressource empêchera-t-elle la ruine de celle-ci, comme beaucoup de planteurs semblent le croire? Je ne le pense pas, parce qu'elle ne tardera pas à leur manquer. Sans doute, et en admettant la suppression de la défense faite par la Compagnie d'exporter d'avantage d'Indiens de ses possessions, que l'Indostan peut fournir à l'Ile-de-France bien plus de travailleurs encore pour remplacer les anciens esclaves; mais cette multitude d'étrangers vivra-t-elle long-temps en bonne intelligence avec la population noire, qui, de temps immémorial, a montré, pour les sectateurs de Brama, une profonde aversion? Et, dans le cas même où les deux races se mélangeraient, la plus forte, sous le double rapport du nombre et de l'énergie, celle des nègres, ne fera-t-elle pas partager à l'autre ses mauvais penchans et son éloignement pour les blancs? Déjà même les Indiens se conduisent moins bien qu'autrefois; à l'exemple des engagés, ils se montrent exigeans pour le prix de leur travail, turbulens pour le moindre grief, enfin, très-enclins à la débauche avec les négresses et à l'ivrognerie. Puis, n'est-il pas reconnu que leur salaire, tout faible qu'il est, se trouve encore trop fort dans les circonstances actuelles, en comparaison des revenus que les planteurs tirent de leurs propriétés? Que sera-ce donc, lorsque la libre importation des sucres d'Asie sur les marchés d'Angleterre, où les consommateurs demandent à grands cris qu'elle soit débarrassée de ses entraves actuelles, contraindra les colons des possessions britanniques de baisser le prix de leurs produits?

Cette dernière supposition peut être considérée, dès ce moment, comme une réalité, surtout pour l'Ile-de-France; car, non-seulement dans l'Inde britannique, la culture des cannes à sucre, encouragée par les plus riches capitalistes de la métropole, promet de fournir bientôt d'immenses résultats (1); mais encore, dans les pays malais, la plupart des souverains indigènes ont des sucreries dirigées par des Européens, et entourées de vastes plantations. Ainsi donc, l'Ile-de-France est menacée, comme les autres colonies de l'Angleterre, et même plus qu'elles à cause de son grand éloignement d'Europe, de deux calamités : l'une, de voir sa population agricole abandonner la culture du sol, ou bien exiger des salaires beaucoup trop forts; l'autre, de ne pouvoir vendre ses récoltes qu'à un prix beaucoup trop bas pour que

(1) En 1834, la production du sucre dans l'Inde britannique était de 94,172 quintaux. En 1843, de 1,011,751 quintaux. Dans neuf ans, elle a plus que décuplé.

les planteurs puissent continuer à faire valoir leurs propriétés. Or, la conséquence immanquable de ces calamités, à moins que des événemens imprévus ne viennent en paralyser les effets, ce qui n'est guère probable, sera l'abandon à la race noire de cette île, dont le nom seul réveille chez les Français une foule de souvenirs patriotiques et glorieux.

. . . .

Quand, après plusieurs années, je suis retourné à l'Ile-de-France, hommes et femmes ne témoignaient plus pour leurs maîtres le même respect qu'auparavant, n'obéissaient qu'avec peine; enfin ne semblaient craindre que le magistrat chargé spécialement de les surveiller. Ce frein même avait déjà considérablement perdu de son pouvoir à leurs yeux, soit qu'ils trouvassent les juges plus qu'indulgens pour leurs nombreuses fautes, soit qu'ils eussent bien compris l'espèce d'impunité que leur assurait, on peut le dire, la répugnance qu'éprouvaient généralement les planteurs à les poursuivre, aux dépens de leur temps et de leur bourse, devant les magistrats, presque toujours prévenus en faveur des délinquans. C'est ainsi que se brisaient, dans notre ancienne possession, les liens qui, depuis si long-temps, unissaient les esclaves aux maîtres, et s'évanouissait l'unique garantie un peu solide, suivant moi, de l'amélioration de la race noire, sous le double rapport de l'industrie et de la civilisation; car, on ne peut nier que les nègres, disséminés sur les habitations où leurs familles vivaient depuis longues années, n'offrissent bien plus de prise aux efforts des ecclésiastiques et des philanthropes, pour les rendre dignes de la liberté.

Là, ils étaient, comme, du reste, ils le sont encore dans nos colonies, parfaitement traités : pour eux, l'avenir se montrait débarrassé de toute inquiétude : malades, on les entourait de soins; vieux, une existence douce leur était assurée. Les femmes jouissaient des mêmes avantages, et de plus, quand, se trouvant enceintes, le terme de leur délivrance approchait, elles devenaient l'objet de la sollicitude de leur maîtresse, qui, en outre, se chargeait des nouveau-nés, aussitôt que l'allaitement était terminé. Ces petits êtres se réunissaient, pendant que leurs parens travaillaient aux champs, dans une sorte de salle d'asile où, confiés à la surveillance de plusieurs vieilles négresses, ils passaient tout leur temps à jouer, jusqu'à ce que, ayant atteint dix ans, ils dussent partager leur temps entre les leçons du maître d'école et quelques légers travaux d'agriculture ou des occupations relatives à l'intérieur de l'habitation. Parvenues à l'adolescence, les jeunes filles se mariaient, et, dans cette nouvelle position, la générosité de leur maîtresse contribuait d'ordinaire à leur bonheur. Quant aux hommes, ils obtenaient du maître la jouissance d'un quartier de terre, où ils construisaient une case, autour de laquelle se formaient bientôt le potager et la petite basse-cour, dont les produits, portés chaque semaine au marché de la ville voisine, assuraient au propriétaire, quand il était sage et industrieux, les moyens d'entretenir très-confortablement, sous tous les rapports, sa femme et ses enfans, qui, de plus, devaient recueillir, à la mort du père, suivant un usage religieusement observé dans les colonies, le fruit de son travail et de ses économies.

Ainsi les choses se passaient, quoi qu'en disent les abolitionistes, dans la plupart des Antilles britanniques, et se passent encore aujourd'hui chez nous (1). Peut-être est-il vrai, comme les négrophiles le prétendent, que les colons, en prenant autant de soin des esclaves, aient consulté beaucoup plus leurs propres intérêts que ceux de l'humanité ; mais je demanderai si chez nous, où les classes inférieures sont bien plus malheureuses que les travailleurs des Antilles, la douteuse commisération qu'on accorde à la misère du bas-peuple des villes, ne prend pas sa source bien moins dans la bienfaisance que dans la crainte des dangers où son désespoir pourrait jeter la société. Le fait est que, dans les possessions européennes au sein desquelles subsiste encore l'esclavage, la population noire est bien moins dépravée

---

(1) La situation heureuse des noirs, dans les colonies françaises, est aujourd'hui un fait constant, qui est avoué par les abolitionistes eux-mêmes.

Voir le rapport de M. le duc de Broglie.

que dans la plupart des îles britanniques, où les villes sont devenues des sentines de vices et de crimes depuis l'émancipation, tant cette mesure a devancé l'époque à laquelle les nègres se seraient trouvés mûrs pour la liberté. L'apprentissage, considéré comme une transition de la servitude à l'indépendance absolue, n'a produit aucun des résultats qu'on en attendait; il a été beaucoup trop court, pour que les affranchis pussent profiter des moyens de civilisation morale qu'on leur offrait; aussi, n'ont-ils employé l'allégement que ce nouvel état de choses portait à leur servitude, que pour préluder aux désordres auxquels plus tard ils comptaient se livrer.

L'Île-de-France, que j'abandonnais avec si peu de regrets et même l'esprit en proie à des impressions pénibles, était pourtant une des colonies d'où j'avais emporté à mon dernier voyage les plus doux souvenirs. J'y étais venu avec l'espoir de les renouveler, mais cet espoir, comme on l'a vu plus haut, avait été complètement déçu. Dans cette île, en moins de quelques années, tout, hommes et choses, avait changé par l'influence de l'émancipation des esclaves; elle m'offrait un déplorable exemple de l'état d'abandon dans lequel tomberont, avant peu de temps, toutes les colonies à nègres sans exception, et justifiait ainsi malheureusement les craintes que m'avait toujours inspirées l'œuvre des négrophiles, craintes que, malgré ma manière de voir, tout-à-fait favorable à l'affranchissement des esclaves, l'on n'a pas craint de qualifier de délit envers l'humanité. Combien de fois, pendant mes longs séjours aux colonies, ai-je fait des vœux ardens pour qu'ils vinssent sur les lieux mêmes juger de la meilleure manière d'appliquer le principe de l'émancipation, ces hommes qui, malgré une instruction profonde en économie politique et une grande expérience des affaires, se sont laissé entraîner par des théories brillantes, séduisantes même, sans doute, mais que l'examen sévère et consciencieux de la question fait évanouir sur-le-champ. Alors, ils auraient compris comme moi, j'en suis persuadé, qu'une philanthropie sage, positive et surtout désintéressée, pareille enfin à celle dont je suis animé, pouvait seule amener sans secousses l'affranchissement et ménager à la fois les droits de l'humanité, ceux des colons, et, ce qui est non moins précieux, ceux de la métropole, qui, dans l'état actuel des choses, semble condamnée à toutes sortes de sacrifices, dont les résultats seront immanquablement l'ingratitude des noirs, les malédictions des blancs et la perte de nos colonies.

Imprimerie de BRUNEAU, rue Croix-des-Petits-Champs, 33.